AF312427

ÉTUDES DIVERSES.

III

ÉTUDE

SUR LA

SIGNIFICATION DES NOMS DE LIEUX

DU

DÉPARTEMENT DE LA MAYENNE

PAR

HIPPOLYTE SAUVAGE

JUGE DE PAIX AU LOUROUX-BÉCONNAIS.

ANGERS

IMPRIMERIE-LIBRAIRIE DE E. BARASSÉ, RUE SAINT-LAUD, 83

1868

ÉTUDES DIVERSES.

III

ÉTUDE

SUR LA

SIGNIFICATION DES NOMS DE LIEUX

DU

DÉPARTEMENT DE LA MAYENNE

PAR

HIPPOLYTE SAUVAGE

JUGE DE PAIX AU LOUROUX-BÉCONNAIS.

ANGERS

IMPRIMERIE-LIBRAIRIE DE E. BARASSÉ, RUE SAINT-LAUD, 83.

1868

ÉTUDE

SIGNIFICATION DES NOMS DE LIEUX

DU

DÉPARTEMENT DE LA MAYENNE (1).

Les études de philologie topographique sont du plus haut intérêt, puisqu'elles portent sur les plus anciens éléments de l'histoire d'un pays. Mais elles ne sont pas sans difficultés, parce que les sources font défaut, et que, souvent même, il faut être en défiance devant celles que nous ont laissées les annalistes. En effet, les documents écrits sont nuls, ou à peu près, pour les périodes celtique et gallo-romaine. Les grands centres de population seuls ont été indiqués. Ce ne sont même que les chroniqueurs de la féodalité qui ont pris un soin particulier d'enregistrer et d'inventorier les dons faits aux églises sous Charlemagne et sous ses successeurs. C'est, d'ailleurs, à cette époque que remonte le grand mouvement catholique qui s'est étendu jusqu'au dernier siècle, et qui, aux IXe et Xe siècles, a constitué la France religieuse et chrétienne que nous connaissons. Seulement, dans ces temps primitifs où tout converge autour d'un centre commun, l'Église, les faits ont souvent été dénaturés, suivant le caprice

---

(1) En général, nous avons consulté pour les noms anciens indiqués dans ce mémoire, la Géographie ancienne du Maine, par Cauvin. Ce livre qui ne contient guère que des nomenclatures nous a été d'un grand secours, et nous y renvoyons.

de chacun, et les noms eux-mêmes ont fréquemment subi des transformations qui les ont rendus méconnaissables. Il semble surtout que dans ces temps de ferveur l'on se soit attaché à faire disparaître jusqu'aux moindres traces du paganisme : aussi, par suite, des transfigurations notables ont-elles surgi de tous les côtés. Nous pouvons, pour exemple, citer les montagnes qui, consacrées autrefois à Jupiter et appelées Montjoie, *Mons Jovis*, sont devenues *Mons Gaudii* (Annalistes de l'abbaye du Mont-Saint-Michel). Jupiter a été remplacé par saint Michel, le céleste archange, qui est devenu le maître de la plupart des hauteurs escarpées. Les noms latins ont, presque partout, été supplantés par des noms de Saints. Je le répète donc, à bon droit, les études étymologiques sont devenues presque impossibles, et, souvent après de longues recherches, on n'est arrivé qu'à des résultats fort douteux.

Pas plus que bien d'autres, je ne prétends avoir rencontré partout la vérité dans cet essai sur les noms des communes du département de la Mayenne. Pourtant, j'ose espérer que l'on me concédera un bon nombre de ces étymologies : je m'estimerai alors heureux si pour les autres j'ai mis sur la voie quelques chercheurs plus habiles. Du moins, je les aurai peut-être stimulés et appelés à une étude qui n'a pas été sans attraits pour moi, puisqu'elle me rapprochait par la pensée d'un pays que j'ai habité trop peu de temps et que j'aimais.

Tout d'abord, remarquons que constamment, là où le sol a conservé les traces des générations qui l'ont habité, on rencontre des révélations de trois races successives, les Celtes, les Romains et les Francs, caractérisés les uns par leurs monuments de pierres brutes et colossales, les autres par leurs briques et leurs remarquables travaux d'art ; enfin, les derniers par leurs églises catholiques et toutes les merveilles de l'art chrétien.

Les Francs, derniers venus et implantés définitivement sur le sol, se sont donc étudiés à faire disparaître tout ce que leurs devanciers avaient fait ; d'ailleurs le temps leur a été grandement en aide. Néanmoins ils ont accepté souvent et forcément ce qui, avant eux, existait déjà. Seulement, ils ont modifié, amélioré, car enfin il n'est pas possible d'admettre que dans toute l'étendue du département de la Mayenne, il n'existât alors que quelques centres de population. Cependant il faut bien reconnaître que les églises, c'est-à-dire les communautés chrétiennes se sont souvent constituées de la manière suivante : l'individu a bâti la maison ; la famille a formé le hameau. En augmentant sa population, le hameau s'est transformé en village, et la multiplicité des villages a constitué la paroisse, au centre de laquelle les fidèles ont élevé d'abord une chapelle, qui ensuite a pris les proportions d'une église. C'est ainsi que, nécessairement, la paroisse a été constituée. Mais dans ces métamorphoses successives, le nom primitif s'est souvent altéré ; nous en verrons bien des exemples.

Entrons en matière, et en présence d'une série de près de trois cents noms, procédons par voie d'élimination, par groupes et par familles de noms et d'origines. C'est là le seul moyen d'arriver à un résultat; de plus, c'est le seul possible. Comme logique, nous adopterons aussi trois grandes divisions, comprenant : l'u ie, tout ce qui se rattache à la nature et au sol; l'autre, ce qui rappelle l'homme et son culte; la dernière, les fins et les œuvres humaines.

CHAPITRE PREMIER.

§ Ier. — *De 1 à 4.* — LAVAL, VAUTORTE, VAUCÉ, DENAZÉ.

Dans la linguistique, aussi bien que dans la philologie topographique, le vocabulaire de la nature et des accidents du sol, qui rappellent la mère-patrie, est fort riche, et il a été souvent mis à contribution. Les vallées, les cours d'eau, les fleuves; les étangs, les marais, les prairies, les montagnes, les collines, les déserts, les landes, les forêts, les bois et leurs diverses essences, les divisions du sol, les clôtures, les champs, leurs produits, le règne végétal, comme le règne animal, ont partout servi de types et laissé leurs impressions profondes. En cherchant à donner des noms aux localités, il était tout juste, pour ne pas dire tout naturel, que l'on songeàt de prime abord à la configuration des lieux, à leurs mœurs, à leur aspect individuel.

Laval, Vautorte, Vaucé, Denazé, sont des noms qui, au premier examen, semblent n'avoir aucun air de famille, et qui pourtant, grâce à leur position dans des vallées, doivent être groupés les uns auprès des autres. Laval est *vallis*, *Lavallis*, la cité des seigneurs qui adoptèrent un nom générique, celui de Guy, *Guido*, *vallis Guidonis*. Vautorte, *vallis tortuosa*, *vallis torta*, est la vallée sinueuse, tourmentée, accidentée. Vaucé, *Vacceium*, est toujours la *vallis*, le *vallum* dénaturé par la transposition des copistes de nos vieilles chroniques, qui remplacent les deux *ll* par deux *cc*, et rendent méconnaissable ce nom qui conserve toutefois son radical, vau, val, vallée ; à moins cependant que Vaucé, *vacceium*, ne soit une transfiguration de *vacca*, vache, ou même de *vaccinium*, plante ou arbrisseau aux baies noires, qui croît en abondance dans nos bois et dans nos landes. Saint-Ouen-des-Vallons n'a pas besoin de commentaire. Quant à Denazé, sous une forme étrangère, nous y retrouvons encore la vallée. Le radical de ce mot, *den*, est un vieux mot germanique dont le sens est celui de vallée, et littéralement vallée profonde. Dencourt, Denvon, Danvon (Calvados), comme Denazé, ont la même signification. En anglais, *den* double l'*é* et devient *deen*, Aberdeen, la vallée du hâvre.

§ II. — *De 5 à 28*. — LE RIBAY, RUILLY-FROIDFOND, RUILLY-LE-GRAVELAIS, JAVRON, GESVRES, BIERNÉ, AMBRIÈRES, LAUBRIÈRE, CHANGÉ, MAYENNE, LA DORÉE, ARON, DEUX-EVAILLES, EVRON, IZÉ, AZÉ, LANDIVY, LIVET, LEVARÉ, VAIGES, VIVIERS, BLANDOUET, FONTAINE-COUVERTE.

Les cours d'eau, en général, d'après leur importance, leur volume, leur nature, leur aspect, ont adopté bien des formes diverses. D'abord, c'est le ruisseau, c'est-à-dire le cours d'eau à sa source, *rivus*, *rivulus*, d'où Le Ribay, *Rivaium*, Ruilly-Froidfond et Le Gravelais, *Ruilleium* et *Ruliacus*, le petit ruisseau né dans un fond glacial et courant sur les cailloux.

Auprès du *rivus,* qui respire le calme, la fraîcheur et presque la monotonie, par contraste se place le torrent impétueux, le gave aux eaux mugissantes. Javron et Gesvres sont deux localités sœurs de naissance. Elles sont issues de *gave,* vieux mot celtique que dans nos contrées, comme dans les hautes chaînes des Pyrénées, dans le Bigorre et dans le Béarn, les habitants donnent aux torrents de leurs pays. Le gave a fait : Gavray (Manche), le Gavre (Loire-Inférieure), Gavre (Morbihan et Nord), Gavrelle (Pas-de-Calais), Gavrus (Calvados), Le Gaveron (Manche). Il se retrouve de même, avec le changement plus euphonique du *g* en *j,* dans Javrelière (Deux-Sèvres), Javrezac (Charente), et enfin dans Javron.

L'industrie a creusé, en détournant ces cours d'eau, des biez, biers, bieux, qu'elle a utilisés pour ses moulins, pour ses usines, pour ses fabriques. Les biez ont produit les Biars, les Biards, les Biers et Bierné.

La jonction de deux ruisseaux, *ambo rivuli,* nous a donné encore Ambrières et Laubrière, ou plutôt ces localités sont les bourgades bâties, construites sur les deux bords d'une rivière, *ambo ripœ.*

Changé est le confluent de deux rivières, comme Candé, Candes, Condate, capitale des Rhedones, Condat, Coudé, Coudeau, Coudes, Couty, Cosne et tant d'autres.

Fréquemment aussi les villes et les paroisses ont emprunté leurs désignations des cours d'eau sur lesquels elles sont placées. Mayenne, La Dorée, Aron, nous en fournissent des preuves, et c'est ici le lieu d'indiquer quelques étymologies à l'appui des nôtres : la Seine vient du verbe latin *sequor,* c'est le fleuve aux nombreux méandres ; le Rhin est celui qui se précipite, qui se rue, du mot *ruere,* le fleuve aux eaux impétueuses ; le Rhône, de *rotare,* revient sur lui-même par des mouvements circulaires. La Mayenne, de *medius, media, medium, Meduana,* n'est autre que l'intermédiaire, le milieu entre un fleuve secondaire et une petite rivière. La Dorée roule ses ondes sur un sol probablement doré de paillettes de mica. L'Aron, de *arare,* laboure ou rend fertiles ses rives peu profondément encaissées, ou peut-être circule-t-elle encore dans une contrée où le sol est labouré au lieu d'être couvert de prairies, comme c'est l'usage aux abords des cours d'eau.

Les eaux, *aquæ*, les réservoirs, *aquaria* des Gallo-Romains, sont traduits par *ève* dans la basse latinité. Ève voulait donc dire eau en gaulois. Ce nom primitif est resté en français dans le substantif évier, réservoir; dans l'adjectif éveux, humide, et dans le verbe éver, éver une prairie, l'arroser, la couvrir d'eau. Ève se rencontre à chaque page dans les ouvrages de langue romane. A l'appui, citons :

Ève (Oise), *eva*. — Evelle (Côte-d'Or), *Evalliliæ*. — Evaux (Creuse), *wahon*.—Evière (Maine-et-Loire), *aquaria*. — Ayvaille (Belgique), *aqualia*. — Deux-Evailles (Sarthe), *Duæ Avallæ, duæ aquæ, duæ aquosæ*. — Eviau (Haute-Savoie), *aquianum*. — Longeau (Meuse), *Longarva*. — Longuève (Manche), *Longa aqua*. — Bellève, rivière, *pulchra aqua*. — Megève (Haute-Savoie), *media aqua*. — Néauphle-le-Vieux ou l'Eveux (Seine-et-Oise), *nealpha aquosa*, etc., etc.

La forme *ive*, égale à ève, représente toujours le mot eau, *aqua*. De même yave ou yavette (petit ruisseau), qui correspondent évidemment à ive et à ivette, ainsi que ague, aigue, aique, egua et eigue. Ceci dit et expliqué, il n'est plus douteux que tous les noms suivants qui appartiennent à la Mayenne se rapportent aux cours d'eaux :

Deux-Evailles, *duæ aquæ, duæ aquosæ*. -- Evron, *ebronium, evronium*. — Izé, *isiacus*. — Azé, *aziacus*. —Landivy, *landa yvæ, Landivium* (1).—Livet, *livetum*.— Levaré, *Levareium*.—Vaiges, *viva aqua*. — Viviers, *vivaria*. — Blandouet, *albus vadus*, le gué, et Fontaine-Couverte (2).

Nous ajouterons l'Erve, *arva*, rivière, qui ne se modifie que

---

(1) Landivy. — Landivaium, Landiveium, Landigesius, Landivium, Landevicus. Cette dernière orthographe ne date que de l'an 1546. Si on l'adoptait, Landivy pourrait-être *vicus landæ*, le bourg des landes ou Landeville ; mais ce mot a certainement été altéré.

(2) Fontaine-Couverte. — Fons coopertus ; année 1136, Baluzii miscellaneæ, II, 209.

par l'addition d'une lettre. Puis les paroisses qui se trouvent sur les cours d'eau, Saint-Jean-sur-Erve, Saint-Georges, Saint-Pierre-sur-Erve et Saint-Jean-sur-Mayenne. A la rigueur, Orthe, autre petite rivière, aurait la même étymologie que l'Erve ; cependant, elle pourrait être *orta*, *oriunda*, la rivière qui surgit, et qui en forme une autre plus importante, la Sarthe, c'est-à-dire qui donne naissance, du verbe *orior*. N'oublions pas Saint-Pierre-sur-Orthe.

§ III. — *De 29 à 38.* — MOULAY, LA PALLU, PRÉAUX, PRÉ-EN-PAIL, NEAU, NEUILLY-LE-VENDIN, NEUILLY-SUR-OUETTE, NEUILLY-LE-VICOIN, NIAFLE, GORRON.

Nous n'en avons pas fini avec les eaux. Il y a encore les marais formés par les eaux stagnantes, et puis les prairies qui bordent leurs courants et encore les terres tourbeuses. Ainsi, nous avons la ville marécageuse dans Moulay (1). La Pallu, Le Pail, Saint-Cyr-en-Pail, Pré-en-Pail, Vilpail, la forêt de Pail, sont dans les marais. Préaux est la prairie ; Neau, Neuilly, Niaffe sont les noës, les prairies closes de haies, d'après les locutions normandes.

Neuilly a pris des formes très-variées : c'est *now* en gaulois, *noa* et *noda* dans la basse latinité, *noue* en roman, *naffe* en lorrain. On trouve beaucoup de variantes de ce radical now ou noë, comme Neuillac (Charente-Inférieure), Neuillay (Indre), Neuillé (Indre-et-Loire), Noaillac (Corrèze), Noailly (Loire), Noulhac (Lozère), Noalhat (Puy-de-Dôme), Nouilhas (Haute-Vienne), Neuillé (Sarthe), Nully (Haute-Marne), etc., etc. L'une des plus curieuses est peut-être Niaffe. Du reste, Noë est synonyme de Néau, Neuil, Nuil, Noaille, Nueil, Nuelle, Nuejhol, etc. Ce dernier nom a sérieusement intrigué l'abbé de Sauvages, dans son Dictionnaire languedocien. Il est aussi l'égal de nave, nove, noue en vieux français, nava en espagnol.

---

(1) Moulay. — Auliacus. Le radical d'Auliacus, aul, se rencontre dans les dialectes celtiques avec un sens de terrain bas et enfoncé, d'étang, de marais. Alors Auliacus, Moulay, devra s'expliquer par la ville de l'étang, la marécageuse ; signification qui semble avoir un sens parfait, rapproché qu'elle peut être du mot mouillé, moulay.

Quelques mauvaises prairies marécageuses renferment de la tourbe. Gorban, tourbe, est un vieux mot de la langue germanique que nous pensons reconnaître dans Gorron.

§ IV. — *De 39 à 64.* — THORIGNÉ, DAON, HARDANGES, BRÉE, BRETIGNOLLES, BRECÉ, CHALONS, MONTAUDIN, MONTENAY, MONTFLOURS, MONTIGNÉ-LE-BRIANT, MONTJEAN, MONTOURTIER, MONTSURS, ENTRAMMES, BEAUMONT-PIED-DE-BŒUF, GENNES, GESNES, LA GRAVELLE, GREZ-EN-BOUÈRE, GRAZAY, CHERENCÉ, DESERTINES, GASTINES, LA BRULATTE, CHAILLAND.

Tor et torp est un vieux mot scandinave qui veut dire montagne. Thor était le dieu et le cri de guerre des Scandinaves. Thorp est devenu le village situé sur la crète d'une montagne. Il y a la ville de Thor (Vaucluse). Thorigné, Thorigny, Thury, le mont Thuringe, près de Rouen, le cap Torin, près Avranches, ont cette étymologie et veulent dire montagne.

La langue armoricaine avait le *tun* et le *dun*, qui rappellent *dan* ou *din*, le *din* cambrique et le *dun* irlandais, qui signifient également montagne, d'où l'on a fait château, et qu'on traduisait en latin par *dunum*. Daon est bien le même mot. Nous le retrouvons de même dans Hardanges, que nous composons de l'article *ar* et de *dangia*. Or, ar = har et danger = dangeau, dangeul, qui se traduisent partout par château ou citadelle bâtis sur une montagne, ou même simplement par mont, motte ou montagne, parce que les lieux élevés et les montagnes ont été constamment choisis pour être les emplacements des forteresses.

Le mot berg, qui signifie hauteur, et qui est presque synonyme de montagne, mais qui implique une idée d'un sommet moins élevé, moins escarpé, a dû former Brée et son diminutif Bretignolles. Brecé, dont le radical et le sens sont les mêmes, a pour affixe le mot sée, rivière : Brecé devrait être alors la hauteur, la colline donnant sa source à une rivière.

A propos de Châlons, nous avons vu quelque part une dissertation dans laquelle on déclarait qu'il n'y avait rien de rusé comme les noms de lieux pour jeter les gens en fausse route. Ainsi

Châlons-sur-Saône (*Cabillo*) a bien plus de rapport avec Cavaillon (*Cabellio*) qu'avec Châlons-sur-Marne (*Catalauni*), et, Châlons (Mayenne) nommé dans un texte de l'an 710 (anal. Mabil., 282), *Caladunum*, signifie tout simplement dur-château, dur-mont, composé qu'il est de l'adjectif armoricain *kalet*, en vieux cambrien *callet* (*durus, firmus*) et du substantif *dun* (*mons, castellum*). Cette étymologie n'est pas de nous ; elle n'en est que meilleure.

Montaudin, Montenay, Montflours, Montigné, Montjean, Montourtier, Montsurs (1), ont pour radical le mot latin *mons*, montagne. Entrammes est l'*inter montes*, la colline resserrée entre les flancs de deux montagnes, ou plutôt la bourgade comprimée entre deux fleuves, *inter amnes*. La Baroche Montpinson et La Chapelle-Anténaise, *alta nosa*, que nous regardons comme un superlatif synonyme d'*altissima*, rentrent dans la même famille. Beaumont est le *bellus mons*; Buttavent (*de buto anteriori*), affixe de Saint-Georges, est la butte avancée ; Gennes et Gesnes, qui ont fait un emprunt au *gen* celtique, indiquent également un lieu élevé.

Quant aux montagnes et aux collines, elles ont de tout temps fourni des matériaux, des pierres, du gravier, d'où La Gravelle, Grez-en-Bouère, Grazai, Le Gravelais, affixe de Saint-Cyr et de Ruilly, de même que Le Gravier, Le Graveron, La Graverie. En langue celtique, Cherencé est la demeure, le village des pierres.

Souvent aussi ces montagnes étaient arides et sauvages. Elles sont fréquemment stériles et désertes, et leurs coteaux, comme les plaines qui s'étendent à leurs pieds, forment les paroisses de Desertines, lieu désert, le désert qui comprenait une vaste étendue au nord du département de la Mayenne (2). Gastines et Saint-Denis de Gastines, est le lieu des friches : le Gast, *vastum*, que nous avons trouvé accollé à Saint-Loup-du-Gast et à Montreuil-du-

----

(1) Montsurs. — Mons securus ; année 1125, cart. Ebron. — Mons Socal ; 1257, cart. Ebron.

(2) Le désert comprend Saint-Maurice, Magny, Saint-Patrice, Saint-Calais, Pré-en-Pail, Saint-Cyr-en-Pail, Vilpail, Saint-Aubin, Saint-Mars-du-Désert, etc.; etc. On y remarque les forêts d'Andaine, de Pail, etc., etc.

Gast, et La Brulatte est le lieu brûlé, ravagé, rendu impropre à la culture.

Chailland, *caill* (*silva,* forêt) et *landa,* la forêt mélangée de landes, nous servira de transition pour reporter notre pensée sur une nature plus riche, plantée d'arbres et couverte de verdure. Cependant n'oublions ni Saint-Hilaire-des-Landes, ni Saint-Pierre-des-Landes.

§ V. — *De 65 à 94.* — JUBLAINS, LES BOIS, ARQUENAY, COSMES, COUESMES, BOUCHAMP, BOULAY, POULAY, LAUNAY-VILLIERS, COUDRAY, CHAMMES, CHEMERÉ, HOUSSAY, HOUSSEAU, LE HORPS, QUELAINES, LA BOISSIÈRE, BOUESSAY, BOUÈRE, EPINEUX-LE-SEGUIN, SAULGES, SOULGÉ, LE GENEST, LE CHAMP-GENETEUX, ERNÉE, OLLIVET, COURBEVEILLE, CHEVAIGNÉ, POMMERIEUX, BELGEART.

Dans une contrée qui possédait plusieurs forêts importantes, et que l'on peut regarder comme très-bocagère, il n'est pas surprenant que beaucoup de paroisses aient pris leurs noms de ses forêts, de ses bois et des essences d'arbres que l'on y trouvait en plus grande abondance autrefois qu'aujourd'hui, puisque nous savons que plusieurs forêts ont disparu, entre autres la forêt de Nuz. Le règne végétal est donc richement représenté dans notre nomenclature topographique.

Ailleurs nous trouvons Saint-Charles-de-la-Forêt, Le Bourgneuf-de-la-Forêt, Saint-Germain-le-Fouilloux, Sainte-Marie du-Bois, Saint-Mars sur-la-Futaie. Mais nous avons bien d'autres exemples à enregistrer. Ainsi Les Bois est fort significatif, et Jublains, dans sa forme celtique restée intacte, ne veut rien dire autre chose que bocage.

Le celte et le latin sont deux langues sœurs, qui avaient assez de ressemblance entre elles, pour que les Gaulois aient pu, sans perdre l'intelligence de leurs dialectes, adopter les terminaisons latines, et comprendre facilement le nouveau dialecte que leur faisaient entendre les soldats de César. Jamais, sans cela, la Gaule n'eût parlé latin : un peuple ne perd pas sa langue. Pour faire disparaître la langue, il faut faire disparaître la race. Les rapports de ces deux langues, le mot breton *blinges,* voir confusément, clignoter; le mot anglais *blind,* aveugle, obscur, nous fournissent donc à peu près les preuves exigées pour le mot de Jublains, *Diablentes, Diablintum; dia* ou *dies,* traverse ou jour; *blind,* obscur, traverse ou jour obscur. Les Aulerques Diablintes étaient alors les Aulerques du bocage; étymologie d'ailleurs conforme à l'état du pays et juste comparativement aux Aulerques Cénomans. *Noiodunum, Neufbourg,* ou *civitas Diablentum,* la capitale des Aulerques du Bas-Maine, a conservé comme tant d'autres villes, Avranches, Rhedones, etc., le nom du peuple dont elle était la *civitas,* le chef-lieu.

Et puisque nous en sommes aux Aulerques, ajoutons que l'étymologie du mot Aulerque sert encore à appuyer celle de Jublains : *aulam-arare, aula-arvum,* terre à sillons, pays de labour, d'où aulerque, laboureur, mot celte dont l'étoffe est aussi dans le latin *aula* et *aulax* et dans le grec αυλος, flûte, vallon, sillon, tout corps long et creux.

La cité gallo-romaine, si renommée, du Bas-Maine, valait bien la peine qu'on s'arrêtât quelques instants pour étudier ses origines. Nous serons plus bref pour prouver qu'Arquenay (ar est un article : ar-quenay), comme Arcenay (Côte-d'Or), comme Ardenay (Sarthe), comme Artenay (Loiret), sont pour la chenaye. Cosmes et Couesmes sont pour le cormier; Bouchamp (*campus betulæ*), Boulay, Poulay, pour le bouleau ; Launay, pour l'aulne ; Coudray, *Corylus,* pour le coudrier ; Le Coudrai (Eure), *Coryletum,* la coudraie, lieu planté de coudriers ; Chammes et Chemeré, ainsi que La Bazoge de Chemeré, pour le charme et la charmille ; Houssay, Le Housseau, Le Horps et Quelaines, pour le houx. En breton, Quellenec veut dire la houssaie ; Quelaines a le même sens.

La Boissière, Boissay, Bouère et Grez-en-Bouère, doivent être les lieux abondants en buis, *buxetum;* Epineux, l'épine sauvage; Saulges et Soulgé, le saule, *salix;* Le Genest, Le Champ-Geneteux, le genêt, *genista.*

Ernée, nom d'une ville et d'une rivière, est le figuier sauvage, *erinus,* ou la figue, le fruit de cet arbre, *erina.* Ollivet paraît étrange sous un climat qui ne saurait produire l'olivier, mais Catulle, le poëte, emploie *olivum* dans le sens de parfum, et alors ce serait peut-être l'arbre odorant, parfumé, l'arbre aux senteurs embaumées et aromatiques, peut-être l'arbre résineux : pourquoi pas le sapin ?

Courbeveille n'est peut-être que la vigne rampante, serpentante, *curva, curvata vitis, vitula, vetula,* et Chevaigné, *campus vineus,* le vignoble.

Pommerieux (1) , beaucoup moins ancien , puisque ce n'est qu'au XVᵉ siècle que les pommiers ont été implantés de la Navarre dans nos contrées , est le plant de ces arbres qui , à défaut des vignes , donnent une boisson abondante et saine à ses habitants. Quant à Belgeart , c'est le breuil , *brolium ,* le taillis , le bois , *Brolium-Gerardi,* le bois de Gérard.

§ VI. — *De 95 à 121.* — LA CROPTE, AHUILLÉ, LA HAIE-TRAVER-SAINE, TORCÉ, COURBERIE, CHAMPÉON, CHAMFREMONT, BEAÛ-LIEU, BONCHAMPS, LARCHAMP, CARELLES, AVENIÈRES, FRO-MENTIÈRES , LIGNIÈRES-LA-DOUCELLE , ORGÈRES , AVERTON, FOUGEROLLES, LONGUEFUYE , LOIGNÉ , LIVRÉ , LE BIGNON, OISSEAU, SOUCÉ, FORCÉ, ARGENTON, ARGENTRÉ, MADRÉ.

Le sol a subi de nombreuses divisions; il a été partagé par des clôtures , par des haies vives ou mortes. L'agriculture s'en est emparée, et les champs ont fructifié des grains de toute espèce. Nous avons donc réuni dans une gerbe ses grains et ses productions de toutes sortes, industrielles, naturelles ou spontanées.

Dans la langue germanique, croft, la crotte, veut dire enclos. Crote , croute , La Cropte, en bas latin *crotum* et *crota ,* est à

---

(1) Pommerieux. — Pomeruli, Histoire de Sablé, 1136. — Pomeroli, thes., anecd. I, 387.

Pommerieux est pour Pommereuil, le petit verger planté de pommiers. Il est traduit dans une confirmation de biens pour l'abbaye de Saint-Arnould, par Pomeriolum (Histoire de Metz, t. III, p. 154), qui est le diminutif latin de Pomerium. Les analogues sont : Pomereuil (nord), *Pomirolium ;* Pomerieux (Seine-Inférieure), Pomerolium, etc., etc.

proprement parler l'espace cultivé autour de la maison. Ce mot est resté dans un nombre considérable de champs ; il répond aux chènevières actuelles du Bas-Maine et aux vergers de la Normandie. Croft, en anglo-saxon, est également l'enclos. La Bazoge de La Cropte et La Cropte (1) sont dans le même voisinage.

Ces enclos, ces champs, ces héritages sont partagés les uns des autres par des haies, par des enceintes boisées généralement. La Haie-Traversaine est placée peut-être sur une ligne ou voie romaine ; Ahuillé est un diminutif corrompu de *haia*, *haga*, la petite haie.

La haie ordinairement est établie en ligne droite : *linea recta omnium brevissima*. Mais il y a aussi les lignes courbes, Torcé, Courberie : Torcé, *Tortiacus*, de *tortuatus* de la basse latinité, ou plutôt *tortuosus ;* torp, vieux mot allemand, a le même sens. Courberie, *Corberia*, *corbata*, *curva*, *curvata*, ligne courbe.

Les champs comptent Champéon, *campus Eudonis*, Chamfremont, *campus formosus*, que nous eussions traduit préférablement par *campus Fromundi*, Bouchamps, *bonus campus*, Larchamp, *largus campus*, Beaulieu, *bellus locus*. La Champagne, *Campania*, n'est qu'une certaine étendue de territoire consacrée à l'agriculture : Cossé-en-Champagne.

Nous avons ensuite la charrue qui sert aux labours, Carelles, *Carellœ*, qui vient de *carruca*, *carrucella*, le *carrus* de César. Puis les grains produits par le sol fertilisé : Avenières (*Avenaria*), les avoines ; Fromentières (*Frumentaria*), les froments ; Lignières (2) (*Linariœ*), les lins ; Orgères (*Orgeriœ*), les orges. Nous avons aussi le pain que donnent ces grains. Averton, dont le ra-

---

(1) La Cropte. — Cripta ; acte de l'année 1111. — Crypta ; inst. ecclesiæ Cenom. de 1554.

Si nous n'étions pas un peu en défiance vis-à-vis la transformation qu'ont fait subir les moines aux noms de lieux, nous eussions peut-être rangé La Cropte dans un autre chapitre, dans celui qui concerne les chapelles, les églises et les basiliques, et nous eussions adopté pour cette paroisse la cripte ou chapelle souterraine des édifices des IXe et Xe siècles. Nous avons cru plutôt être dans le vrai avec l'origine formulée par nous d'après les langues anciennes.

(2) Lignière-la-Doucelle. — On sait que le nom de Doucelle était celui des premiers seigneurs de cette paroisse.

dical *arton*, αρτος en grec, signifie le produit de la charrue, *aratrum*.

L'ivraie se rencontre auprès du bon grain ; la Sainte Écriture nous l'enseigne. Loigné est donc atteint par l'ivraie; *Loigniacus, Loliacus*, sont bien *lolium*, l'ivraie, le mauvais grain. Livré, *Livriacus*, semble plus moderne, le mot ivraie est déjà francisé.

La fougère envahit également les terres cultivées ; ses racines sont tenaces et difficiles à détruire. Fougerolles (*Fulgerolœ*) est le diminutif de fougère, dont la désinence est absolument la même, *fulgeriœ*. Nous retrouvons, du reste, cette plante dans la paroisse de Loup-Fougères. Mais elle est méconnaissable dans Longuefuye, *longa filgeria*. Sans les indications des chartes, nous eussions porté nos recherches ailleurs, et nous nous fussions égarés à coup sûr.

Le Bignon, *Bignio* ou *Bunio*, vient, d'après les présomptions, de *bunium*, navet, plante potagère. Oisseau, *Ossellum*, doit être l'*osellum*, l'oseille, autre plante champêtre, acclimatée dans nos jardins. Un auteur, linguiste distingué, lauréat de l'Académie des inscriptions et belles-lettres, M. Le Héricher, a cru voir dans Oisseau tout bonnement *aucella*, petit oiseau. Nous nous en rapportons à nos lecteurs sur le choix de cette étymologie, et nous les faisons juges de cette question délicate.

Le mot latin de Forcé est *Floriacus*, fleuri, lieu fleuri, abondant en fleurs, et nous avons déjà signalé Montflours, la montagne des fleurs. Si cette signification est admise, nous demanderons également asile pour celle de Soucé, que nous transformons dans la plante nommée le souci; à moins que *scisciacus* ne soit l'arbre nommé le sureau, le seû, le sus, d'après la dénomination vulgaire.

Nous ignorons si la Mayenne possède des mines d'argent; de toute cette contrée et des contrées voisines, nous ne connaissons que les environs de Rennes qui en ont exploité une à Pontpéan, sur la route de Redon. Ainsi nous ne savons quelle peut être la valeur du métal, l'argent, que nous appliquons à Argenton et à Argentré. Pour Madré, *Materiacus, Materies*, ce sont simplement les éléments propres à la construction, que l'on trouve dans son voisinage, les bois, les pierres, l'argile, qui ont fait tous les frais de son étymologie.

§ VII. — *De 122 à 138.* — TUBŒUF, BRAINS, LOUP-FOUGÈRES, LOUVIGNÉ, CHANTRIGNÉ, CRENNES, GRENOUX, RENNES-EN-GRENOUILLES, RENAZÉ, NIORT, LA POOTÉ DES NIDS, MESLAY, MELLERAY, MÉRAL, VOUTRÉ, CHARCHIGNÉ, ALEXAIN.

Le règne animal ne demandera de nous qu'une nomenclature.

Dans Tubœuf, nous avons la corne ou la tombe du bœuf, *tuba* ou *tumba*, mais plutôt la corne, de même qu'avec Beaumont, nous avons déjà remarqué son affixe Pied-de-Bœuf. Dans Brains, *stercus*, tiré du mot celtique *bren*, nous trouvons le fumier des étables. Dans Connée, affixe de Saint-Martin, nous avons remarqué le connin, le lapin. Le loup se reconnaît dans Loup-Fougères, Louvigné, Saint-Aubin-Fosse-Louvain (*Lupina*), Saint-Bertevin-la-Tannière. Les grenouilles chantent sur tous les tons les noms de Chantrigné (*Cantus ranarum*), de Crennes (*Ranæ*), de Grenoux, de Rennes-en-Grenouilles, de Renazé et de La Chapelle-Rainsouin, *rana sonans*, qui tous n'ont qu'une seule et même signification. Dans le département de Maine-et-Loire, Morannes est de la même famille : *mora-ranarum*, *mora*, vieux mot français qui signifie séjour, *ranarum*, des grenouilles.

Au tour maintenant de la gent ailée. Niort, *nidus aureus*, est le nid moelleux où naît la jeune famille ; La Pooté des Nids, *potestas nidorum*, le bocage qui abrite ces doux mystères, la paroisse sur les confins de la forêt de Pail, le lieu puissant, favorable par excellence, *potestas*, pour la multiplicité des nids. Après l'étymologie que nous avons donnée de Jublains, celle-ci doit sembler toute simple.

La Baroche-Montpinson nous a fait songer instinctivement à cet oiseau presque muet, le pinson, que nous eussions mieux aimé ranger ici qu'au mot Baroche. Pour le merle, siffleur émérite et presque babillard, il peut revendiquer sans crainte Meslay, Melleray et Méral. Personne n'ignore que, par euphonie, la lettre *r* est remplacée souvent par la lettre *l*, ou pour la lettre *s*, Mer-

laium, Merlay, Meslay. Les deux *ll* mouillées rendent encore plus douce la prononciation du mot Melleray. Quant à Méral, *Meraldus*, ce doit être un abâtardissement du même mot *merula*.

Nous indiquerons plus loin Colombiers, avec ses colombes. Voutré, *Vulteriacus*, est le vautour, *vultur*, soit qu'il s'agisse de l'oiseau lui-même, ou que Voutré, par sa position escarpée sur des rochers, soit une aire de vautour.

L'écrevisse, *carciniacus*, *carcinus*, a établi son domicile à Charchigné. Nous savons mieux que par ouï-dire que les ruisseaux de de ce pays produisent, en effet, de superbes écrevisses, et à la table de certains châtelains, nous avons fait mieux que les admirer !

Alexain ne saurait être bien éloigné de Charchigné, car *alex*, mot latin, signifie petit poisson.

CHAPITRE II.

§ Ⅰ^{er}. — *De 139 à 193.* — SAINTS ***.

Au Maine, dans cette vaste contrée qui fut évangélisée par le célèbre saint Julien, que les uns font le contemporain des apôtres, et qui vécut au IIe, ou au IVe siècle de l'ère chrétienne, au dire de quelques autres, il n'est pas surprenant que tant de paroisses aient pris les noms de leurs patrons spirituels. Il y a dans ce fait le sentiment d'une population docile qui se distingue par un esprit éminent de piété, et qui fait intervenir la religion partout et dans tous les actes de la vie civile. Ceci est d'autant plus remarquable, qu'un peu plus tard toutes les forêts du Bas-Maine furent peuplées, sous le pontificat de saint Innocent (évêque de l'an 532 à 543), l'un des successeurs de saint Julien, par un grand nombre d'anachorètes remarquables qui y vécurent longtemps et qui y laissèrent, comme souvenirs de leurs personnes et de leurs prédications, de nombreux établissements auxquels ils léguèrent des traditions précieuses de leur sainteté. Parmi eux, nous n'en citerons que quelques-uns : saint Calais, saint Avit, saint Almire, saint Bomer, saint Ulface, saint Ernée, saint Alnée, saint Bohamald, saint Auvien, saint Front, saint Gault, saint Brice, saint Fraimbault, saint Constantien, saint Sylvain, saint Léonard, saint Laumer, etc., etc. Plusieurs de nos paroisses ont ainsi été placées sous leur invocation : il allait de soi que l'église prît son nom de celui qui l'avait fondée ou qui l'avait embellie. D'autres ont pris tel ou tel nom d'un Saint étranger, parce que sur l'autel on avait déposé quelque relique précieuse de ce personnage, ou encore parce que tel bienfaiteur, en élevant l'édifice de ses propres deniers, a voulu honorer son propre patron.

A propos des soixante noms de Saints qui se trouvent dans la Mayenne, nous nous bornerons donc à dresser une véritable litanie. Notre tâche sera d'autant plus facile, que nous remarquons que constamment la paroisse a pour patron le Saint dont elle porte le nom. Nous ne remarquons pas une seule exception à cette règle dans toute la nomenclature qui suit :

    1. Saint-Aignan-sur-Roë ou Saint-Aignan-en-Craonnais. — Patron, saint Aignan.

Située près de La Roë et dans la contrée appelée Le Craonnais, cette paroisse a été indifféremment désignée par ces affixes pour la distinguer de deux autres et d'une succursale qui existaient tant dans le haut que dans le bas Maine. Nous aurons l'occasion de revenir sur ces affixes.

    2. Saint-Aignan-de-Couptrain. — Patron, saint Aignan.

    3. Saint-Aubin-du-Désert. — Saint Aubin.

    4. Saint-Aubin-Fosse-Louvain. — Saint Aubin.

    5. Saint-Baudelle. — Saint Baudelle.

    6. 7. Saint-Berthevin et Saint-Berthevin-la-Tannière. — Saint Berthevin.

    8. Saint-Brice. — Saint Brice.

    9. Saint-Calais-du-Désert. — Saint Calais.

    10. Saint-Ceneré. — Saint Ceneré.

    11. Saint-Charles-la-Forêt. — Saint Charles.

    12. Saint-Christophe-du-Luat. — Saint Christophe.

13. Saint-Cyr-en-Pail. — Saint Cyr.
14. Saint-Cyr-le-Gravelais. — Saint Cyr.
15. Saint-Denis-d'Anjou. — Saint Denis.
16. Saint-Denis-de-Gastines. — Saint Denis.
17. Saint-Denis-du-Maine. — Saint Denis.
18. Saint-Ellier. — Saint Ellier.
19. Saint-Erblon. — Saint Erblon.
20. Saint-Fort, autrefois Saint-Evroul. — Saint Fort.
21. Saint-Fraimbault-de-Prières. — Saint Fraimbault.
22. Saint-Gault. — Saint Gault.
23. Sainte-Gemmes-le-Robert. — Sainte Gemme.
24. Saint-Georges-de-Buttavant. — Saint Georges.
25. Saint-Georges-le-Fleschard. — Saint Georges.
26. Saint-Georges-sur-Erve. — Saint Georges.
27. Saint-Germain-d'Anxurre. — Saint Germain.
28. Saint-Germain-de-Coulamer. — Saint Germain.
29. Saint-Germain-le-Fouilloux. — Saint Germain.
30. Saint-Germain-le-Guillaume. — Saint Germain.
31. Saint-Hilaire-des-Landes. — Saint Hilaire.
32. Saint-Isle ou Saint-Avi. — Saint Avi.
33. Saint-Jean-sur-Erve. — Saint Jean.
34. Saint-Jean-sur-Mayenne. — Saint Jean.
35. Saint-Julien-du-Terroux. — Saint Julien.
36. Saint-Laurent-des-Mortiers. — Saint Laurent.
37. Saint-Léger. — Saint Léger.
38. Saint-Loup. — Saint Loup.
39. Saint-Loup-du-Gast. — Saint Loup.
40. Sainte-Marie-du-Bois. — La sainte Vierge.
41. Saint-Mars-du-Désert. — Saint Médard.
42. Saint-Mars-sur-Colmont. — Saint Médard.
43. Saint-Mars-sur-la-Futaye. — Saint Médard.
44. Saint-Martin-de-Connée. — Saint Martin.
45. Saint-Martin-du-Limet. — Saint Martin.
46. Saint-Michel-de-Feins. — Saint Michel.
47. Saint-Michel-de-la-Roë, ou Saint-Michel-du-Bois, ou Saint-Michel-en-Craonnais. — Saint Michel.

48. Saint-Ouen-des-Vallons, autrement Saint-Ouen-des-Oies. — Saint Ouen.
49. Saint-Ouen-des-Toits. — Saint Ouen.
50. Saint-Pierre-des-Landes. — Saint Pierre.
51. Saint-Pierre-de-la-Cour. — Saint Pierre.
52. Saint-Pierre-la-Cour, autrement Saint-Pierre-sur-Orthe. — Saint Pierre.
53. Saint-Pierre-sur-Erve ou Saint-Pierre-d'Erve. — Saint Pierre.
54. Saint-Poix. — Saint Paterne.
55. Saint-Quentin-en-Craonnais. — Saint Quentin.
56. Saint Samson. — Saint Samson.
57. Saint-Saturnin. — Saint Saturnin.
58. Saint-Sulpice. — Saint-Sulpice.
59. Sainte-Suzanne. — Sainte Suzanne.
60. Saint-Thomas-de-Courceriers. — Saint Thomas.

§ II. — *De 200 à 218.* — CRAON, LES CHAPELLES, LA CHAPELLE-CRAONNAISE, LA CHAPELLE-ANTHENAISE, LA CHAPELLE-AURIBOUL, LA CHAPELLE-RAINSOUIN, LA BAROCHE-GONDOUIN, LA BAZOCHE-MONTPINSON, BAZOUGE-DES-ALLEUX, BAZOUGE-DE-CHEMERÉ, BAZOUGERS, BAZOUGES, CONGRIER, LA CROIXILLE, LA ROE, MONTREUIL, LA SELLE-CRAONNAISE, LA PÈLERINE, CHEMAZÉ.

Après les paroisses qui ont adopté les noms de leurs saints patrons, nous devons grouper ensemble et tout naturellement celles qui ont également une origine toute religieuse. C'est toujours le même principe, sous une forme différente. Ainsi Craon, dont le nom latin est *Credo, Credonium, Credona, Credonensis,* paraît être placé sous la sauvegarde de la prière, du *credo.* Pourquoi pas, aussi bien que sous l'invocation d'un Saint? Au moyen âge, l'expression religieuse n'adoptait-elle pas et ne revêtait-elle pas toutes les formes? Et si l'on devait rejeter cette origine, celle qui viendrait du verbe latin *creo* n'aurait-elle pas à peu près le même sens, celui d'élection, de centre de population de choix, remarquable par sa piété, par sa ferveur. Le mot de *Creonia,* qui désigne le Craonnais, la contrée dont le chef-lieu est Craon, ne semble-t-il pas avoir pour radical celui de *creo* ?

Congrier n'a pas d'autre signification : c'est le mot *congrex* conservé intact et qui indique parfaitement, dans le langage religieux, une assemblée de fidèles, d'où est venu le mot congrégation, si bien connu encore aujourd'hui. De même l'affixe de Saint-Fraimbault-de-Prières nous fait penser de suite à des pèlerinages dans un temple chrétien, objet spécial de prières ferventes, comme Saint-Georges-le-Fléchard, *flexo brachiale*, fait supposer que là il y avait une relique remarquable formée d'un vertèbre du bras, dont la forme était curviligne ou recourbée.

Par rapprochement et dans un même sens, nous avons La Chapelle et Les Chapelles. Nous avons aussi La Bazoge, La Bazoche, La Bazouge, Bazouges, etc., c'est-à-dire la vaste église, la basilique, *basilica*. Nous avons également La Roë, Saint-Aignan-de-la-Roë et Saint-Michel-de-la-Roë, *Rota*, par abréviation de *rotunda*, ou plutôt, comme on le voudra, la basilique ronde ou le territoire aux nombreuses circonvallations. Nous avons encore La Croixille (1), *Crucilia*, la petite croix. Enfin Montreuil (2), *monasterium*, *monasteriolum*, est le moutier, le monastère. La Celle (3), *Cella*, ne doit indiquer qu'une petite maison religieuse, un petit couvent ; La Pèlerine, que le but d'un pèlerinage vénéré, et Chemazé, que le vase de forme courbe en usage pour le service des autels, *camella*.

---

(1) La Croixille. — En langage vulgaire la Croixille se nomme la crousille, vieux mot qui signifie coquille, dont le nom latin est *concha*. Mais les actes donnent à cette paroisse une plus noble étymologie *crux*, la croix, *crucilia*, la petite croix.

(2) Montreuil. — Un doute n'est pas possible sur la transformation de Montreuil en *monasterium*, *monasteriolum*, le monastère, le moutier. — Nous avons aussi Montereau (*monasteriolum*); c'est un mot identique.

(3) La Selle. — *Cella, cellula.*

La Celle ou La Selle, employée fréquemment dans les actes des évêques du Mans, désigne une celle, autrement un petit monastère. C'est de là qu'est venu le mot cellule, l'appartement particulier des religieux. Non loin d'Alençon se trouve La Lacelle, *cella*. En Alsace, le mot zell est le synonyme de *cella, cellula* et de *basilica.*

Voyons plutôt nos preuves consignées dans nos notes.

Ainsi au mot Bazoche, faisons une notable observation, et notons que les indications consignées forment un ensemble complet de preuves. Toutes les localités dont les noms se rapprochent d'une manière quelconque de ce nom, ont toutes pour étymologie des basiliques. Pour preuve, nous avons déjà huit paroisses dans le haut et dans le bas Maine. En outre, à l'aide du Dictionnaire des postes françaises, nous en trouvons bien ailleurs encore, et toutes ces preuves viennent confirmer nos allégations. Enumérons plutôt :

La Baroche-sous-Lucé (Orne), *Basogia ;* La Baroche ou Zell (Haut-Rhin) ; La Bazoche-Gouet (Eure-et-Loir), *Basoichia-Gohet ;* Bazoches-en-Dunois (Eure-et-Loir), *Basilicæ ;* Bazauges (Charente-Inférieure), *Basilicæ ;* Bazeuge (Haute-Vienne), *Basilicæ ;* Bazoches (Aine), *Basilica, Bisulca ;* Bazoches-les-Hautes (Eure-et-Loir , *Basochiæ altæ ;* Bazoches (Seine-et-Oise), *Basochie ;* Bazoches (Loiret), *Basilica ;* Bazoches-les-Bray (Seine-et-Marne) , *Basilica ;* La Bazoge (Sarthe), *Basogia ;* Bazoques (Eure), *Basoquia ;* Beton-Bazoches (Seine-et-Marne), *Basilica ;* Bazouges-sur-le-Loir (Sarthe), *Basilicæ.*

Les mêmes conclusions appartiennent encore aux paroisses suivantes : Basugues (Gers) ; La Basoque (Orne) ; Bazoches (Nièvre) ; Bazoches-sur-Hoëne (Orne) ; Bazoches-au-Houlme (Orne) ; Bazoches-les-Gallerandes (Loiret) ; La Basoge (Manche), *Basogia—Willelmus filius guidonis de Basogia,* charte latine du XIIe siècle, *penès nos.* — Bazoges-en-Pareds (Vendée) ; Bazoges-en-Paillers (Vendée) ; La Bazoque (Calvados) ; Bazouges-la-Pérouse (Ille-et-Vilaine) ; Bazouges-du-Désert (Ille-et-Vilaine) ; Bazouges-sous-Hédé (Ille-et-Vilaine).

§ III. — *De 219 à 227.* — CHATEAUGONTIER, CHATILLON-SUR-COLMONT, CHATRES, CHATELAIN, COURCITÉ, HERCÉ, BALLÉE, BALLOTS, BAIS.

Charlemagne, en constituant la société sur des bases solides et fortes, avait donné à l'Eglise un défenseur, le châtelain du voisinage. La croix et l'épée étaient les fondements de l'édifice social. Le seigneur tout-puissant éleva donc des forteresses, et, ces citadelles qui prirent son propre nom, donnèrent le leur aux paroisses. Le gentilhomme se faisait en quelque sorte un point d'honneur de se porter ainsi le défenseur de l'autel, et sa devise adoptée par lui était toujours : Dieu et mon droit.

Les forteresses comptent dans la Mayenne : Châteaugontier, *castrum Gunterii,* le château fort de Gontier ; Chatres, *castra,* le camp, probablement station romaine ; Châtillon-sur-Colmont, *castellio,* château un peu moins important, un châtel et châtelain, *castalenus,* la demeure du défenseur du camp fortifié. On n'ignore pas, du reste, que souvent les Monts-Castres, les cateliers, les châteliers, les câtels, les châtels, les castres, d'où l'anglais chester, les castelli, les castillon, les catelou, les castral, sont souvent des camps ou des cantonnements ménagés et laissés par les Romains le long de leurs voies stratégiques.

Ces diverses dénominations sont empruntées à la langue romane, mais la Scandinavie, avec ses peuplades barbares, a laissé dans ces contrées, et surtout dans la Normandie, les bailes, enceintes fortifiées sur le sommet des collines, d'où est venu le mot *balliolum,* et, dans la Mayenne, Ballée, Ballots, et certainement Bais.

Quelquefois aussi, le château, suivant son importance relative, prenait un nom moins ambitieux, et souvent on s'attachait à la partie pour le tout. Ainsi, la cour qui précédait l'habitation seigneuriale devenait Courcité, *curia civitatis,* et dans Saint-Pierre-de-la-Cour, dans Saint-Germain-de-Coulamer, dans Saint-Thomas-de-Courceriers, nous retrouvons la cour, *curia, curia maris, curia Cesaris.* La cour de la cité, de la ville, la cour de la mer, n'ont besoin d'aucun commentaire. Il n'en est pas de même de Coulamer, *curia Cesaris,* et nous sommes obligés de nous demander si ce nom de César doit rappeler le souvenir d'une tête couronnée ou celle d'un simple gentilhomme. Cette dernière opinion est plus probable.

Pour Hercé, ce nom rappelle la herse qui donnait accès dans les forteresses.

§ IV. — *De 228 à 233.* — LE MÉNIL, MEZANGERS, MAISONCELLES, MÉE, COLOMBIERS, PLACÉ.

Le Ménil qui a adopté cent formes diverses et que l'on retrouve dans mille variantes, est, sous la féodalité, la demeure distinguée du gentilhomme. Il est, en général, bâti dans les campagnes, entouré de douves fangeuses qui en défendent l'approche. Parfois des bouquets d'arbres dissimulent son existence. Le Ménil est, pour ainsi dire, perdu au milieu d'une nature morte. La forteresse retentit du bruit des armes guerrières ; le Ménil respire le calme des champs. Comme accessoire, il a toujours son colombier. Le vilain, le serf, est obligé à voir chaque jour ses grains pillés par les pigeons du seigneur, et il lui doit l'hommage du fief, hommage que nous rappelle l'affixe de Bazouge des Alleux, *allodium*, la soumission servile. Il est soumis aussi à la justice seigneuriale, au pleds, qui se rend dans le *placitum*, la cour de de justice que nous retrouvons dans Placé, ainsi que dans de très-nombreux Plessis.

Quant à la simple habitation du vilain, du rustre, du paysan, elle est appelée *mansio,* et elle adopte les variantes de Mezangers, de Maisoncelles ; puis de *mansus,* synonyme de *mansio,* viennent Le Mée (1), Mée, etc., etc. La famille des Ménil et des *mansio* est des plus nombreuses ; elle comprend, entre autres, les Magny, que nous trouverions bientôt par centaines, si nous voulions les accaparer ici.

§ V. — *De 234 à 240.* — VILLIERS-CHARLEMAGNE, VILPAIL, VILLAINES-LA-JUHEL, VIEUVY, VIMARCÉ, LE BOURGNEUF, BOURGON.

En général, presque toujours à l'ombre des forteresses se sont réunis un certain nombre d'habitants ; le faible a de tout temps recherché l'appui du fort. C'est ainsi que se sont constitués les villes et les bourgs.

---

(1) Le Mée, *Meæ.* — Le Mée a pour synonymes Le Mées, Le Meix, Metz, Mas et Mayet, qui ont tous pour paternité les mots latins *mansio, mansus* et *magus.* Merlet, dict. d'Eure-et-Loir.

Il était curieux de savoir pourquoi Villiers a reçu son affixe de Charlemagne. Les bénédictins nous l'ont appris heureusement. C'est qu'en l'année 802, ce grand empereur fit rentrer Villiers en la possession de la cathédrale du Mans (*Gesta Pontif. Cenom.*, 81, v. — Anal. 295). Ils ont voulu conserver cette tradition, et Villiers, *Villare,* malgré onze siècles écoulés, ne l'a pas perdue. Nous trouvons plus tard Launay-Villiers.

Villaines est la petite ville, *villana,* fondée par Juhel, l'un des seigneurs de Mayenne. Vilpail est la ville située au milieu du Pail, c'est-à-dire de la contrée du Maine que l'on désigne sous le nom de *Pallium.* Quant à ce pays, ce *pagellus* renfermé entre la Mayenne et le Merdereau, il comprenait trois paroisses : Pré-en-Pail, Saint-Cyr-en-Pail et Vilpail. De plus la forêt de Pail, qui aborne Villaines-la-Juhel. Il faisait partie d'une autre plus étendu, le désert, dont nous avons déjà parlé.

Vieuxvy, *vetus vicus,* le vieux, l'ancien bourg, n'a pas besoin d'explications. Le vicoin, adjectif de Neuilly, est le petit bourg, *vicus, vicellus, viconium.* Dès le temps de l'apôtre saint Julien, l'évangélisateur du Maine, on suit les traces du *vetus vicus.* On peut supposer, par suite, qu'il pourrait, comme Jublains, révéler l'existence d'une ville gallo-romaine.

Vimarcé est le *vicus mercati, mercantilis,* la place commerçante et propice au négoce. Quant au Bourgneuf, il y a bien des siècles que cette qualification pouvait lui être applicable. Bourgon n'est que le diminutif de *burgus,* le bourg infiniment petit, la bourgade.

§ VI. — *De 241 à 256.* — LE HAM, HAMBERS, LA BACONNIÈRE, LA ROUAUDIÈRE, LA BIGOTIÈRE, MARCILLÉ, MARIGNÉ, MARTIGNÉ, JUVIGNÉ, SIMPLÉ, PARIGNÉ, PARNÉ, RAVIGNY, CONTEST, COSSÉ-EN-CHAMPAGNE, COSSÉ-LE-VIVIEN.

Mais tous ne peuvent pas trouver place sous les machicoulis des forteresses ; d'ailleurs la vie est plus chère là où les populations sont agglomérées. Alors se forme, non loin de là, dans les campagnes le ham, *hamus,* le hameau, l'assemblage de plusieurs feux.

Ces ham empruntent souvent leurs dénominations à leur situation ou aux familles qui les habitent, et deviennent Hambers (1), La Baconnière, La Rouaudière, La Bigottière, ou plutôt les hameaux placés sur un lieu élevé, *ham-berg*, où demeurent Bacon, Ruault, Bigot. Et encore les villages occupés par les chefs de famille Marcus, Marinianus, Martinus, Jovinus, Simplicius, Patricius, Parinniacus, Rufiniacus, noms romans que nous traduisons par Marc, Marin, Martin, Jouvin, Simplice, Patrice, Pâris et Rufin. Par les mêmes causes et par rapprochement, nous pouvons dire encore que La Baroche-Gondoin, que Sainte-Gemmes-le-Robert, que Saint-Germain-le-Guillaume, que Mayenne-la-Juhel et Villaine-la-Juhel, que La Chapelle-au-Riboul, qu'Assé-le-Bérenger, que Cossé-le-Vivien, qu'Epineux-le-Séguin, que Lignières-la-Doucelle, que Châteaugontier, que Laval, *vallis Guidonis*, la cité des Guy, que Montaudin, *mons Audini*, que Montjean, *mons Johannis*, que Montourtier, *mons Torterii*, que Champéon, *campus Eudonis*, que Chamfremont, *campus Fremundi*, ont adopté des noms d'hommes également, et que ces localités les ont ajoutés à leurs noms primitifs, en mémoire des bienfaits qu'elles en ont probablement reçus.

Saint-Ouen-des-Toits porte la pensée également sur une habitation, de même que Contest, Cossé-en-Champagne et Cossé-le-Vivien, doivent être des chaumières et dériver de cotte, cotin, cottin, le cottage anglais.

---

(1) Bert, en langue germanique, veut dire brillant, en anglais. bright, d'où Hildebert, brillant au combat, Gilbert, Hébert, Théodebert, brillant dans le peuple, d'où Thibert, Dagobert, brillant comme le jour (dag, jour, en anglais day), d'où Daubert, Joubert, Goubert, Rodbert, brillant dans l'armée, d'où Robert et Rupert.

CHAPITRE III.

§ Ier. — *De 257 à 261*. — ANDOUILLÉ, SENONES, LE PAS, COUP-TRAIN, TRANS.

Colonie des Angevins, *Andium Colonia*, la paroisse d'Andouillé remonte-t-elle jusqu'à l'époque gallo-romaine? La chose n'est pas impossible. Nous cherchons seulement en ce moment l'étymologie du mot : elle est constante. Mais comme ailleurs nous avons déjà trouvé Saint-Denis-d'Anjou et Saint-Denis-du-Maine, et que ces deux distinctions, données évidemment pour éviter une confusion, ne sont pas parfaitement concluantes pour fixer sur Andouillé une origine aussi reculée, nous restons dans l'incertitude. Senones pourrait, au contraire, ne pas laisser le flanc à la moindre contestation. Les Senones étaient une peuplade de la Gaule celtique. Ils habitaient la Champagne et avaient Sens pour capitale.

Beaucoup de voies romaines existent encore en France. Là où leurs vestiges ont disparu, on en suit cependant les traces à l'aide des noms de lieux. La voie romaine a créé les Millières, les Milhards, les Millardières qui rappellent les bornes milliaires; elle a les châtelliers, les castres, les campements. Les Pas, *passus*, ont pour synonymes les Repas, le Maupas, le Trepas, les passages, etc Nous avons déjà, dans le Bulletin de la Société archéologique de la Mayenne, année 1865, développé le sens du mot Couptrain et de Saint-Aignan-de-Couptrain; nous nous bornerons donc à rappeler que Couptrain est un point d'arrêt sur une voie romaine, une étape de passage.

Trans, expression latine qui veut dire au delà, doit être la limite extérieure du Maine, du pays des Cénomans, de même que Brains-les-Marches et Saint-Martin-du-Limet spécifient ces limites elles-mêmes, les frontières de cette contrée et Saint-Michel-de-Feins, les *fines*, les bornes finales. Cependant, observons pour ne rien dissimuler, et pour ne pas nous laisser dire que nous négligeons volontairement quelque chose, afin de justifier l'exactitude de nos données, de nos propositions étymologiques, observons donc que les bénédictins ont traduit Saint-Michel-de-Feins par *de fanibus*, ce qui voudrait dire tout prosaïquement Saint-Michel-des-Foins, Saint-Michel-des-Prairies. Nous pensons qu'il y a là une erreur, parce que les itinéraires romains nous indiquent constamment et sur toutes leurs voies des stations qu'ils appellent *fines*.

§ II. — *De 262 à 268.* — LAIGNÉ, LOUVERNÉ, L'HUISSERIE, AM-POIGNÉ, SACÉ, COMMER, LE BURET.

Les noms de diverses professions ont été adoptés pour quelques paroisses. Ces faits sont rares, mais ils existent. Le boucher a donné son nom à Laigné, *lanio, laniacus,* la boucherie. Le même sens s'attache à Louverné, *laniarius,* le boucher, la boucherie. Le jardinier, *hostiarius,* se reconnaît dans *Hostiaria,* L'Huisserie. *Hostiarius;* ce mot est resté dans le patois pour désigner un homme couvert de boue : « bati comme un hostier. » Rapprochons-en Saint-Julien-du-Terroux, *de terroso,* du latin *terrulosus,* le terreux. Saint-Christophe-du-Luat, *de luato,* lui-même, n'a pas d'autre signification, puisque *lutum* veut dire la boue.

Le verrier, le fabricant de verres et de bouteilles, est *ampullarius, ampuniacus,* Ampoigné. Le gardien des bagages, *sarcinarius, sarcinæ, sarciniacus,* a laissé ses souvenirs à Sacé, de même que le perruquier, le barbier, a transmis les siens à Commer, *Cometa,* du mot latin *comes, cometa,* chevelure. Pour Le Buret, venu de *burrus,* le roux, c'est la couleur des cheveux.

§ III. — *De 269 à 277.* — CIGNÉ, PEUTON, ATHÉE, ASSÉ, LASSAY, ASTILLÉ, LOIRON, CUILLÉ, BANNES.

Sous ce dernier paragraphe, nous classons enfin ce qui constitue les travaux de l'homme et les instruments dont il se sert.

Cigné, *Cigneium,* doit être le *signinum opus,* l'ouvrage maçonné à chaux et à sable, façonné, construit avec le mortier, que nous avons trouvé comme adjectif et affixe à Saint-Laurent-des-Mortiers. Peuton est le puits, *puteus, podium.*

La lance ou le javelot, *hasta,* se reconnaît dans Athée, *Atheiœ,* dont nous trouvons le diminutif dans Astillé, *Hastiliacus.* Pour Assé, *Asciacus,* c'est la hache, *ascia.* Lassay, quoiqu'avec une forme un peu mitigée, *Laciacus,* est la même chose.

Lorum, la courroie, la ceinture de cuir, ou la lanière, se re-produit fort bien dans Loiron, *Loironium,* et Cuillé, dérivé de *Culeus, Cuiliacus,* est le sac de cuir.

Nous abandonnons, pour terminer, le mot Bannes, au vieux patois qui veut dire tombereau, sans oser approfondir cette étymologie peut-être hasardée, tant nous avons hâte de finir notre trop longue dissertation.

Un mot en finissant : nous savons que rien ne prête plus à la controverse que les étymologies et les questions d'origines ; nous nous attendons donc parfaitement à voir contester quelques-unes de nos propositions. Nous ne nions pas que plusieurs peuvent être un peu hasardées ; mais nous ne les donnons pas comme le dernier mot de la science philologique. Au contraire, notre but a été seulement d'esquisser à grands traits un plan d'études que nous voudrions voir s'étendre et se compléter par les soins de quelques savants du Maine, particulièrement intéressés à con-naître les actes de naissance de leurs villages, de leurs communes et de leurs villes.

Nous avons habité quelques années au milieu d'eux, et c'est parce que nous avons conservé douce souvenance de leur beau pays, et mieux encore de leur affectueuse sympathie, que nous avons écrit ces notices. En nous rapprochant ainsi par la pensée du département de la Mayenne, nous avons voulu lui prouver qu'il est de ceux dont on se souvient toujours.

(Extrait de la Revue de l'Anjou.)

9 782019 217259